BEI GRIN MACHT SICH IHR WISSEN BEZAHLT

- Wir veröffentlichen Ihre Hausarbeit, Bachelor- und Masterarbeit

- Ihr eigenes eBook und Buch - weltweit in allen wichtigen Shops

- Verdienen Sie an jedem Verkauf

Jetzt bei www.GRIN.com hochladen und kostenlos publizieren

Bibliografische Information der Deutschen Nationalbibliothek:

Die Deutsche Bibliothek verzeichnet diese Publikation in der Deutschen National-bibliografie; detaillierte bibliografische Daten sind im Internet über http://dnb.d-nb.de/ abrufbar.

Impressum:

Copyright © 2019 GRIN Verlag
Druck und Bindung: Books on Demand GmbH, Norderstedt Germany
ISBN: 9783346000620

Robert Klötzer

Albert Speer und sein Verhältnis zu Adolf Hitler

Eine Analyse anhand des Selbstzeugnisses "Erinnerungen"

GRIN Verlag

GRIN - Your knowledge has value

Der GRIN Verlag publiziert seit 1998 wissenschaftliche Arbeiten von Studenten, Hochschullehrern und anderen Akademikern als eBook und gedrucktes Buch. Die Verlagswebsite www.grin.com ist die ideale Plattform zur Veröffentlichung von Hausarbeiten, Abschlussarbeiten, wissenschaftlichen Aufsätzen, Dissertationen und Fachbüchern.

Besuchen Sie uns im Internet:

http://www.grin.com/

http://www.facebook.com/grincom

http://www.twitter.com/grin_com

Inhaltsverzeichnis

1. Einleitung

Albert Speers Buch „Erinnerungen" gibt einen biografischen Überblick, über das Leben des Architekten, dabei liegt der Schwerpunkt in der nationalsozialistischen Zeit. Unter anderem wird die Beziehung zwischen Hitler und Speer in der Zeit von 1931 bis 1945 aus der Sichtweise von Albert Speer dargestellt. Das Buch ist eine Autobiografie, die ab ca. 1946 unter den Besatzungsmächten in Gefangenschaft entstanden ist. Aufgrund dessen wird in dieser Arbeit umfassend über den Aussagewert seiner schriftlichen Auseinandersetzung mit der Vergangenheit eingegangen. Es ist unter anderem die Frage zu klären, welchen Einfluss die Nachkriegszeit auf seine „Erinnerungen" hat und wie aussagekräftig das Buch dadurch ist. Das Verhältnis zwischen Albert Speer und Adolf Hitler zu analysieren, ist der Hauptfokus dieser Arbeit. Darüber hinaus ist zu klären, wie Albert Speer im Nationalsozialismus Karriere macht und welche Rolle dabei Ideologie, gesellschaftliche Position und die Zuneigung von Hitler spielen. Unter anderem wird auch der Frage nachgegangen, wer der führende und dominantere Part in der Beziehung ist. Albert Speers Karriere geht nach dem Ende des nationalsozialistischen Deutschlands als Autor weiter, anders als es bei den übrigen direkten Wegbegleitern Adolf Hitlers der Fall ist. Diese Besonderheit macht Albert Speer als Person, die ein ungewöhnliches Verhältnis zu Hitler hatte, zu einem geeigneten Untersuchungsfeld. Diese Arbeit soll einen neuen Blickwinkel auf die nationalsozialistische Führungsetage geben und darüber hinaus für andere Arbeiten eine Grundlage schaffen, um Adolf Hitler und Albert Speer besser charakterisieren zu können.

In der Fachliteratur wird die Untersuchung Albert Speers und sein Verhältnis zu Adolf Hitler mit der Arbeitsgrundlage des Buches „Erinnerungen" nicht schwerpunktmäßig abgehandelt. Die zentrale Rolle der Beziehung wird nicht in den Fokus genommen, sondern als Nebeneffekt abgehandelt. Es existieren viele Biographien über Speer. Insbesondere ist auffällig, dass die meisten davon unmittelbar vor und nach seinen Tod entstanden sind und ab Mitte der 2000er Jahre noch einmal neu aufgelegt wurden. Zu erklären ist dies mit neuen Erkenntnissen und bis dato unbekannten Quellenmaterialien. In den neuen Biographien finden sich teils kontroverse und widersprüchliche Aufarbeitungen über die Unwahrheiten in Albert Speers Autobiographie. Die Literatur widerspricht sich teilweise gegenseitig so erheblich, dass es Schwierigkeiten bei der Unterscheidung zwischen empirischer und nicht empirischer Forschung gibt. Rein wissenschaftliche Biographien sind nicht existent, trotz neu entdeckten Quellen- und Datenmaterials, findet derzeit nach Brechtkern keine weitere Aufarbeitung statt (Stand: 2012) (vgl. Brechtkern 2012: 68). Der Grund dafür ist in der Beeinflussung von Speer selbst zu sehen, dessen Meinungsbild und Ansichten, welche fest manifestiert wurden, nur schwer aufzubrechen sind. Auch nach Speers Tod halten seine Botschaften und seine Verschleierungen noch in einem gewissen Maße bis heute in der Forschung an (vgl.

Brechtkern 2012: 61ff.). „Verantwortlich für die Dauerhaftigkeit eines hinter der Forschung zurückbleibenden Speer-Bildes waren vor allem Joachim Fest und Gitta Sereny. Ihre Wertungen stehen in der Tradition eines maßgeblich von Speer selbst beeinflussten Geschichtsbildes, das über Jahrzehnte bemerkenswert stabil blieb." (Brechtkern 2012: 38) So ist beispielsweise Joachim Fests neue Auflage von 2005 in ihren Grundzügen gleich geblieben. Ein weiteres Beispiel ist Schmidts Werk von 2005, das kritisch zu beurteilen ist, da es sich ebenfalls um eine Neuauflage handelt. Das 1982 erschienene Buch stand direkt unter dem Einfluss von Albert Speer, der ein Jahr zuvor verstarb (vgl. Brechtkern 2012: 61). Insbesondere bei populären Fragestellungen wie z. B. der Schuldfrage Albert Speers zeichnet sich ein überproportionaler Literaturbestand ab. Inzwischen findet sich die Quelle „Erinnerungen" nicht mehr im Buchhandel, sondern gilt als historisches, nicht mehr produziertes Buch.

Der nachstehende Hauptteil ist in vier Abschnitte untergliedert, die sich mit der unter Punkt 1. geschilderten Fragestellung auseinandersetzen. Der erste Abschnitt beschäftigt sich mit dem Aussagewert des Buches „Erinnerungen", indem die Außenwirkung der Autobiographie und die Zielsetzung Speers erläutert werden. Auch ein allgemeiner Problemaufriss von Autobiografien wird darin vorgenommen. Im weiteren Verlauf wird die politische Gesinnung Speers und die Grundlagen der Beziehung von Speer und Hitler thematisiert. Im dritten Abschnitt wird der Verlauf der Beziehung von Speer und Hitler geschildert. Dies erfolgt in den zwei Zeitabschnitten, in denen Speer zum einen Architekt und zum anderen zusätzlich Minister war. Im letzten Abschnitt des Hauptteils folgt die Darstellung der Beziehung, anhand von zwei signifikanten Ereignissen. Dies ist zum einen die Beziehung während der Krankheit Speers und zum anderen die Beziehung kurz vor und nach dem Tod Adolf Hitlers. Abschließend folgen die Beantwortung und Bewertung der Fragestellung in einem Fazit.

2. Aussagewert des Selbstzeugnisses

Albert Speer schreibt die schriftlichen Grundlagen seiner Autobiografie während seiner 20-jährigen Haftzeit im Spandauer Gefängnis. Nach seiner Entlassung im Jahre 1966 fasst er seine gesammelten Protokolle, Gedächtnisstützen und niedergeschriebenen Erfahrungen, also sein Manuskript zusammen und veröffentlicht drei Jahre später seine Autobiografie „Erinnerungen". Es ergeben sich aus dieser Begebenheit mehrere Problematiken, die unter anderem den Wahrheitsgehalt und damit den Aussagewert der Autobiografie in Frage stellen. Ebenso treten Grundproblematiken auf, die sich aus der literarischen Gattung der Autobiographie ergeben.

2.1 Problematik von Autobiographien

Die Autobiographie ist schon im Vorfeld, mit Hinblick auf ihren Wahrheitsgehalt und ihren Aussagewert als Quelle kritisch zu betrachten. Nach Wagner-Egelhaaf ergibt sich folgendes grundlegendes Problem: „Der objektiven Berichterstattung steht die subjektive Autorposition gegenüber: Es liegt auf der Hand, dass niemand in der Lage ist, die subjektive Wahrnehmungsperspektive hinter sich zu lassen. Wünsche und Illusionen leiten die Selbst- wie die Fremdwahrnehmung [...] (Wagner-Egelhaaf 2005: 2). Dies bedeutet, dass die Autobiographie niemals objektiv neutral verfasst sein kann. Auch wenn der Autor dies versucht, wird ihm dies niemals gelingen. In den meisten Fällen wie auch bei Albert Speers „Erinnerungen" ist dies aber auch gar nicht beabsichtigt.

Eine Autobiographie ist immer ein Versuch und ein Wille, das selbst Erlebte für andere greifbar und erfahrbar zu machen. Der Leser ist dabei immer den Darstellungen und Beschreibungen des Autors unterworfen. Nachweise für seine Behauptungen und Schilderungen lassen sich nur selten erbringen. In Albert Speers „Erinnerungen" ist dies bis zu seinem Tode ein wichtiger Baustein gewesen. Der Autor verfolgt mit einer Autobiographie unter anderem meist eine persönliche Rechtfertigung, eine Referenz gibt er über sein Leben, die das Ziel verfolgt, wahrheitsweisend zu sein (vgl. Wagner-Egelhaaf 2005: 2 ff.). „Der Vorgang Erinnerung ist der jeder autobiographischen Reflexion zugrunde liegende Akt" (Wagner-Egelhaaf 2005: 12). Dabei stellen sich viele Problematiken ein. So hat das menschliche Gedächtnis Lücken und ist begrenzt. Nach Wagner-Egelhaaf ist das Erinnerungsvermögen defizitär angelegt. Dies bedeutet, dass der Mensch nur bedingt in der Lage ist, sich zu erinnern. Seine eigene Wahrnehmung der Vergangenheit und seine aktuelle Wahrnehmung können Fakten überspielen und verfälschen. Dies ist meistens unbewusst der Fall, kann aber auch bewusst gesteuert werden (vgl. Wagner-Egelhaaf 2005: 43 ff.). „In die Lücken des Gedächtnisses kann [...] die Phantasie eintreten; da, wo die mimetische Kraft des Gedächtnisses versagt, tut sich ein produktiver Spielraum für die Phantasie auf" (Wagner-Egelhaaf 2005: 47). Die vergangene Zeit zwischen dem Erlebten und dem Erinnerten verstärkt diesen Effekt. Hinzu kommt, dass das eigene Leben als Gesamtkunstwerk gesehen wird und damit Schwerpunkte verändert werden. So kann die chronologische und zeitliche Ordnung bewusst oder unbewusst vermischt und stark abgeändert werden und trotzdem als sinnvoll und zeitlich korrekt, von den Lesern, aber auch vom Autor angesehen werden. Dies macht es noch einmal umso schwieriger, nachträgliche Abgrenzungen von Wirklichkeiten und Fiktionen vorzunehmen.

Außerdem können Leser schwer bis gar nicht erkennen, ob es sich um eine Wirklichkeits(re)konstruktion oder Phantasie handelt. Die Auslegungsvarianten von Interpretationen bestimmter Schilderungen und Ereignisse sind vielfältig. Zudem spielt die

Betrachtungsweise des Lesers eine große Rolle, die unter anderem von seiner Ethik, Kultur, aktuellen Lebenssituation, seinen Erfahrungen, seinem Sprachschatz und eigenen Begriffsdefinitionen, seiner Emotionalität sowie seinen Erwartungen an die Autobiographie und die eigene Identifikation mit der Person abhängig ist (vgl. Wagner-Egelhaaf 2005: 65 ff.).

2.2 Selbstdarstellung und Außenwirkung

Die Selbstdarstellung Speers in seinem Werk „Erinnerungen" ist mehr eine Art Neupositionierung, aus dem Ergebnis der Öffentlichkeitsprofilierung heraus, als eine Darstellung seiner selbst. Es ist davon auszugehen, dass die Autobiographie ein Mittel zur nachträglichen Darstellung der eigenen Position, aufgrund der Nürnberger Prozesse ist. „Im Nürnberger Prozess zeigte er als einer der wenigen Angeklagten Reue und distanzierte sich von Hitler und dem Nationalsozialismus, wobei er sich selbst als unpolitischen, ausschließlich an Kunst und Technik interessierten Mitläufer darstellte. Seine in Nürnberg erfolgreich eingeübte Selbstinszenierung als unpolitischer Architekt und Technokrat wiederholt Speer auch in den Erinnerungen." (Kremer 2017: 135) Den Erfolg seines Buches „Erinnerungen" und der darauf später folgenden Spandauer Tagebücher, überschatten viele kritische Stimmen und vertuschten bis zu seinem Lebensende und darüber hinaus, viele Wahrheiten und Unwahrheiten. Speer selbst profiliert sich in seinem Buch als offenherzig, elegant, reumütig und selbstkritisch. Insbesondere ist seine Darstellung am Anfang des Buches als jemand der unbescholten und unselbständig ist, zu erwähnen. Dies erzeugt ein Bild, das sich auf seine gesamte Biografie vom naiven, ferngelenkten und beeinflussbaren Speer projiziert. Die Selbstinszenierungen als Bildungsbürger durch Kulturvergleiche und Geschichten innerhalb der Biografie erzeugen beim Leser eine erhöhte Glaubwürdigkeit. Speer nutzt viele rhetorische Mittel und Wege, sich als historisches, ungeliebtes Genie der NS-Sozialisten darzustellen (vgl. Kremer 2017: 197). Er verzichtet auch wie in den Nürnberger Prozessen auf eine Selbstverteidigung und setzt mit allen Mitteln, die zur Verfügung stehen, auf eine Selbstanklage. „[…] Wo möglich, wird auf die eigenen Wohltaten verwiesen. Wo dies nicht möglich ist, wird stattdessen auf den Willen verwiesen – jedoch häufig im Modus der Selbstkritik, […]" (Kremer 2017: 167). So entsteht auch durch das Hervorheben von schlechten Entscheidungen eine Selbstinszenierung, die ihn als gekreuzigten verachteten Deutschen darstellt, welcher alle Schuld auf sich nimmt und sich durch eine Selbstoffenbarung nun von ihr befreien will. „Auch nach der Veröffentlichung seiner Autobiografie arbeitete Speer weiter am Bild des unpolitischen Architekten und Technokraten, dass er in den Erinnerungen so eindrücklich gezeichnet hatte" (Kremer 2017: 137).

Die öffentliche Wahrnehmung durch seine ungewöhnliche Darstellung, anders als seine Genossen es tun, bringt großes Interesse an seiner Person mit sich. Speer thematisiert weder die NSDAP-

Mitgliedschaft noch seine Familie ausführlich. Das Leben für und mit dem Staat (insbesondere mit Hitler) steht im Vordergrund. Seine Beschreibungen und detaillierten Erklärungen zu architektonischen Arbeiten, sowie seine immer wiederkehrenden Darstellungen als Zeuge und Beobachter lassen eine Verknüpfung entstehen, dass Speer Hitlers Architekt war und andere Ministerposten nur nebenbei ausgeführt wurden (vgl. Kremer 2017: 221).

So fasst Schmidt die Selbstdarstellung Speers in drei Phasen zusammen: Erstens Speer als kunstbegabten Architekten, der auf seine Arbeit fokussiert ist, zweitens Speer als Bau- und Rüstungsminister, der voller wirtschaftlicher Unmoral handelt und drittens, Speer als belehrender und geständiger Zeitzeuge (vgl. Schmidt: 11). Durch die Beteuerung von Verantwortung und das Nichtaufzeigen von Schuld, trifft Speer die Zielgruppe der Kriegsveteranen und der Nachkriegsgeneration, welche sich in der Entnazifizierung befinden. Die Identifizierung der eigenen Person mit Speer ist so für viele möglich. Dies schafft eine emotionale Bindung, eine Akzeptanz und Glaubwürdigkeit seiner Person. „Auch als Schuldiger erweist sich Speer noch als Führungspersönlichkeit, die dem Volk einen Weg aus dem Dilemma zeigen kann und will" (Kremer 2017: 164). Es entsteht ein Personenbild von Speer, das äußerst resistent gegenüber Aufarbeitungen und neusten Enthüllungen funktioniert. „In der Folge blieb eine kritische Auseinandersetzung mit Speers Lebenswerk – mit Ausnahme der Goldhagen Debatte – zu seinen Lebzeiten aus" (Kremer 2017: 139). Erst nach seinem Tod beginnen kritische Biografien über ihn mit der Aufarbeitung seiner Vergangenheit und erzeugten öffentliche Aufklärung (vgl. Schmidt: 19). „Speers Selbstinszenierung und ihr journalistischer Widerhall bleiben nicht ohne Folgen für die wissenschaftliche Aufarbeitung von Speers Leben. Insbesondere an den zahlreichen Speer-Biographien lässt sich gut ablesen, welchen Einfluss Speers Selbstdeutung auch hier ausüben konnte" (Kremer 2017: 138). Eine Aufdeckung erscheint nur in einem gewissen Maße möglich zu sein, unter anderem aufgrund schwieriger Nachweisbarkeit. Die Autobiografie ist daher kritisch und nachfragend zu behandeln.

3. Annäherung und Beziehung

Die Anfangsjahre und Grundlagen der Beziehung zwischen Hitler und Speer sind mit Abstand die, die am besten dokumentiert sind. So finden sich überproportional viele Erwähnungen in der Autobiographie, anders als seine ideologische Parteizugehörigkeit, die fast gar nicht thematisiert wird.

3.1 Annäherung an die NSDAP

Die Darstellung Speers in seiner Autobiografie, als unpolitischer Architekt und Mitläufer der NSDAP, ist kritisch zu hinterfragen. Dort heißt es „[…] ich wählte nicht die NSDAP, sondern trat zu Hitler, dessen Erscheinung mich in der ersten Begegnung suggestiv berührt und seither nicht mehr freigegeben hatte. Seine überredende Kraft, die eigentümliche Magie seiner keineswegs angenehmen Stimme, die Fremdartigkeit seines eher banalen Gehabes, die verführerische Einfachheit, mit der er die Kompliziertheit unserer Probleme anging – das alles verwirrte und bannte mich. Von seinem Programm wußte ich so gut wie nichts. Er hatte mich ergriffen, bevor ich begriffen hatte." (Speer 1975: 34) Die Aussage, dass Hitler als Persönlichkeit ihn in den Bann zieht, ist historisch belegt, dennoch ist es nicht richtig, dass Speer unpolitisch ist. Aufgrund von Berührungen und Annäherungen mit der NSDAP rutscht er nachweislich langsam in das nationalsozialistische Gedankengut hinein. Speer selbst bringt seine NSDAP-Mitgliedschaft immer in Verbindung mit der Beziehung zu Hitler. Dabei wählt Speer nicht erst Hitler und dann in Folge die NSDAP, es ist umgekehrt der Fall.

Als Erweckungserlebnis beschreibt Speer Hitlers Rede vom 4. Dezember 1930. Nicht erwähnt in seiner Autobiographie ist jedoch, dass er sich schon mindestens Monate davor politisch in der NSDAP engagiert (vgl. Brechtkern 2017: 31). Nachweisen lässt sich dies unter anderem mit der engen Beziehung, die Speer zu Karl Hanke pflegt, der ihm innerhalb der Partei Architektenaufträge besorgt (vgl. Brechtkern 2017: 35). Greifbar und nachweisbar sind seine Parteiaktivitäten erst ab 1930. Sein Engagement für die NSDAP ist nicht gering, wie er gegenteilig behauptet (vgl. Brechtkern 2017: 36). Sein Beitritt in die Partei ist ideologisch und politisch motiviert, denn er sieht die NSDAP nicht nur als die Zukunft für Deutschland an, sondern auch als einen Schlüssel, um mit ihr seinen Lebensweg zu planen und Größeres zu erreichen (vgl. Schmidt 2005: 56). „Am 1. März 1931 wurde Speer mit der Mitgliedsnummer 474.481 als Parteigenosse aufgenommen. Außerdem trat er zeitgleich der SA bei, was seinem Entschluss, die nationalsozialistische Bewegung tatkräftig voranzutreiben, [bekräftigte] [...]" (Brechtkern 2017: 36).

Seine politischen Denkweisen und Dogmen spiegeln sich nicht zuletzt auch in seiner Architektur wider, die faschistische Züge aufweist (vgl. Düwel 2017: 60 - 61). Inwiefern Adolf Hitler als Person eine Rolle für seine politische Wahl spielt, lässt sich zum gegenwärtigen Zeitpunkt anhand des Forschungsstandes nicht beurteilen. Es lässt sich allerdings vermuten, dass der Parteieintritt bewusst geschieht, auch um sich an Hitler anpassen und annähern zu können.

3.2 Grundlagen der Beziehung

In Albert Speers Darstellungen über den Anfang und das Zustandekommen der Beziehung zwischen Hitler und ihm gibt es keine Erklärungen, wie sie nun wirklich begonnen hat. „Hitler selber hat sich zu der Frage, was ihn mit dem Anfänger Architekten zusammengebracht hatte, nie eindeutig geäußert" (Fest 2005: 61 f.). Vielmehr schildert Speer das gegenseitige Interesse und Eindrücke, die er von Adolf Hitler vernimmt. Dies wird unter anderem auch in einem Interview vom 30.10.1971 deutlich (Schiefer 2013: 30). Interessanterweise beschreibt Speer eine Art Mysterium, denn weder von Hitler selbst noch von Speer kommt eine Erklärung, weshalb die Beziehung so intensiv und stabil wird. Die Grundlagen seitens Hitlers bleiben weitgehend im Verborgenen. Speer beschreibt Hitlers Interesse ihm gegenüber zwar immer wieder, jedoch ohne tiefgreifende Begründung und Hinterfragung. „Es gab nur wenige außer mir, die eine ähnlich bevorzugte Behandlung erfuhren. An mir hatte Hitler zweifellos besonderen Gefallen gefunden [...] (Speer 1975: 51). Hitler selbst begründet das Zustandekommen der Beziehung pragmatisch und nüchtern: „Sie fielen mir bei den Rundgängen auf. Ich suchte einen Architekten, dem ich einmal meine Baupläne anvertrauen könnte. Jung sollte er sein; denn wie Sie wissen, gehen diese Pläne weit in die Zukunft. Ich brauche einen, der auch nach meinem Tode mit der von mir verliehenen Autorität weitermachen kann. Den habe ich in Ihnen gesehen." (Speer 1975: 44) Ob dies wirklich solch simple Gründe hat oder ob seitens Hitlers noch mehr dahinter steht, kann nicht geklärt werden. Fest steht jedoch, dass Speers Eigenschaften Hitlers Wohlgefallen gefördert haben müssen. Begabt, jung, unbekümmert, offen, loyal, genial, redegewandt und phantasievoll stellt Speer Hitlers Idealbild dar. Nach Fest kann Hitler sich in ihm wiedererkennen und durch ihn seine Passion und Leidenschaft leben (vgl. Fest 2005: 63). „Jedenfalls hat Speer sein Gefühl bewegen können wie niemand sonst und vielleicht sogar mildernd auf ihn eingewirkt" (Fest 2005: 63). Speer ist für Hitler eine Art Ablenkung von der Politik und eine Person zum Ausleben seiner Träume und Visionen. Daher liegt es nahe, dass Adolf Hitler mit Albert Speer eine angenehme Verknüpfung herstellt, die so einzigartig ist (vgl. Tesch 2016: 176). Im Gegenzug bringen Speers Talent, Begeisterung und Verehrung für Hitler ihm eine informelle Stellung als Leibarchitekt Hitlers (vgl. Tesch 2016: 176).

Erwähnenswert ist, dass beide denselben architektonischen Stil und die Gigantomanie verkörpern. Beide vereint die Verweigerung der modernen Zeit (vgl. Fest 2005: 65). Speers Karriere und seine Ausnahmestellung bei Hitler beginnt signifikant mit dem Umbau des Gauhauses der Partei in Rekordzeit (vgl. Fest 2005: 67). „Dieser Auftrag bedeutete den Beginn einer einzigartigen Karriere, die den jungen Albert Speer in wenigen Jahren zum Lieblingsarchitekten von Adolf Hitler aufsteigen ließ" (Schmidt 2005: 59). Von da aus beschreibt Speer Folgendes: „Angezogen und angefeuert durch Hitler, dem ich verfallen war, hatte von nun an die Arbeit mich – und ich nicht sie"

(Speer 1975: 45). Dies lässt darauf schließen, dass Speer die Arbeit und Hitler miteinander verknüpft und Hitler als Karrieremöglichkeit ansieht. „Meine Stellung als Hitlers Architekt war mir bald unentbehrlich geworden. Noch nicht einmal dreißig, sah ich die erregendsten Aussichten vor mir, die ein Architekt sich erträumen kann" (Speer 1975: 45).

Interessanterweise fällt Speer schon am Anfang die sogenannte Vielschichtigkeit Hitlers auf: „[…] [Hitler] machte insgesamt den Eindruck eines unbeherrschten, mürrischen Mannes, der seine Mitarbeiter wegwerfend behandelt. […] Ohne dass ich mir viel Gedanken darüber gemacht hätte, war ich damals zu ersten Mal auf die merkwürdige Mehrgesichtigkeit Hitlers gestoßen: Mit großer schauspielerischer Intuition konnte er sein Benehmen in der Öffentlichkeit wechselnden Situationen anpassen, während er sich gegenüber seiner nächsten Umgebung, seinen Dienern oder Adjutanten, gehen ließ" (Speer 1975: 37) Es kann also davon ausgegangen werden, dass Speer sich seiner Sonderstellung durchaus von vorn herein bewusst ist und er sie effektiv (aus-)nutzt. „Doch im Ganzen suchte oder fand jeder beim anderen, was er an sich selbst vermißte, und bewunderte an ihm, in einer Form versetzter Eigenliebe, das Idealbild der eigenen Person" (Fest 2005: 66).

4. Mitarbeit und Karriere

Welche Bedeutung eine Stellung bei Adolf Hitler hatte und welche entsprechende Behandlung dies zur Folge hatte, soll der weitere Karriereverlauf von Albert Speer zeigen. Dabei müssen die Grundlagen der Zwischenmenschlichen Beziehung hinterfragt werden, denn diese scheinen nur bedingt gültig zu sein.

4.1 Die Beziehung und Arbeit als Architekt

„Speers Stellung als erster Architekt beruht zunächst […] einzig auf der absoluten Machtposition Hitlers und der Begünstigung, die er durch ihn erfährt. Sie dient ihm als Basis für den Einstieg in die NS-Elite, verliert aber später an Bedeutung. Das persönliche Verhältnis zu Hitler bildet für Speer zunächst die Grundlage einer gesicherten Position" (Tesch 2016: 177). Diese Position versetzt Speer regelrecht in einen Arbeitsrausch. Wann immer Speer es will, bekommt er Zeit, um mit Hitler über Baupläne und Entwürfe zu sprechen. Diese Stellung ist einzigartig und kann als Privileg angesehen werden (vgl. Fest 2005: 77). „Am meisten beeindruckte Speer die Ehrerbietung, die der Diktator den Architekten und Bildhauern entgegenbrachte […]" (Fest 2005: 70). So beschreibt Speer, der oft auch Reden und Veranstaltungen Hitlers beiwohnt, folgende Empfindungssituation: „Überwältigend war es für mich, einige Minuten oder Stunden später mit dem Abgott eines Volkes über Baupläne zu sprechen (…) es war dieser Kontrast, der mich bezwang.

[...] Während ich vor einigen Monaten noch von der Aussicht, Bauten entwerfen und ausführen zu können, begeistert war, stand ich nun völlig in seinem Bann, bedingungslos und besinnungslos von ihm festgehalten – ich wäre bereit gewesen, ihm überall hin zu folgen. Dabei wollte er mich offensichtlich nur einer glorreichen Laufbahn als Architekt zuführen." (Speer 1975: 62) Aus der Schilderung wird beispielhaft klar, dass Speer anders als Hitler eine gewisse Trennung zwischen Beziehung und Arbeit sieht. Diese unterschiedlichen Ansichten haben eine enorme Wirkung auf die Beziehung generell, die als dominierende Grundlagen den Verlauf signifikant bestimmen.

4.2 Die Beziehung und Arbeit als Minister

Albert Speer wird 1942 von Adolf Hitler nach dem plötzlichen Tode von Munitionsminister Todt zum Munitions- und Bauminister ernannt. Darauf folgen viele weitere Ministerposten und Ressortleitungen, die ihm übertragen werden (vgl. Speer 1975: 210). In dem Zeitraum von 1942 bis 1945, also während des Krieges, verliert seine Architektenstellung immer mehr an Bedeutung, da andere Staatsaufgaben wichtiger werden. Dies hat unmittelbare Auswirkungen auf die Beziehung zwischen Speer und Hitler. So beschreibt Speer in einem Interview vom 30.10.1971: „[...] wie ich Minister wurde, weil mir das unbekannt war, daß er auf einnmal ganz offiziell und ganz kühl, distanziert seine Weisungen gibt und nicht mehr diskutieren will darüber, ob das das Richtige ist für mich, diese Ernennung" (Schiefer 2013: 29). Interessanterweise bedauert Hitler nach Speers Aussagen zwar den Tod von Minister Todt, allerdings trauert er nicht (vgl. Speer 1975: 212). Dies zeigt einmal mehr, dass Hitlers engster Kreis zwar von ihm geachtet, aber nicht mit ihm beziehungsmäßig fest verbunden ist. Auch Speer bemerkt dies, nachdem er Minister wird. „Bisher hatte Hitler mir als Architekt in gewissem Sinne eine kollegiale Zuneigung bewiesen; jetzt begann spürbar eine neue Phase, in der er vom ersten Augenblick an den Abstand einer dienstlichen Beziehung zu dem ihn untergebenen Minister schuf" (Speer 1975: 211). Die Ausflucht von der Politik in die Architektur, die Speer Hitler gibt, findet aufgrund des Krieges im Zeitverlauf immer weniger und unregelmäßiger statt. Stattdessen rückt der Ministerposten zunehmend in den Vordergrund, was massive Auswirkungen auf die Beziehung hat. Zwar existieren keine Protokolle oder Nachweise über die Häufigkeit und Länge von Treffen und die besprochenen Inhalte, es kann allerdings davon ausgegangen werden, dass diese seltener und oberflächlicher werden. „Das Verhältnis zwischen Hitler und Speer trübt sich gegen Ende des Krieges merklich ein. Die Gründe hierfür sind schwierig zu ermitteln, da sie weniger mit Speers Rolle als Architekt als mit seiner Tätigkeit als Rüstungsminister zusammenhängen" (Tesch 2016: 177).

Speer wird aufgrund der zunehmenden politischen Unlust Hitlers immer mehr zur vorgeschalteten Entscheidungsinstanz. Hitler gibt ihm Weisungen und behandelt Speer seit der Ernennung zum

Minister und dem Machtausbau wie alle seine anderen Minister, zum Missfallen Speers. „Von Monat zu Monat wurde Hitler immer schweigsamer. Es mag auch sein, daß er sich mir gegenüber eher gehenließ und sich weniger um eine Konversation bemühte" (Speer 1975: 313). Diese einsetzende Kontaktlosigkeit Adolf Hitlers gegen 1942/43 führt bei Speer zu einem Anflug von Resignation, auch weil er den Kriegsverlauf und damit eine zunehmende Aussichtlosigkeit wahrnimmt. Verstärkt wird dies dadurch, dass Speer nur noch kühl und distanziert über Zahlen und Bagatellthemen anstatt über gemeinsam verbundene Themen wie z. B. über Ausbaupläne der Eisenbahn spricht (vgl. Speer 1975: 313). Speer geht Hitler zunehmend aus dem Weg und meidet ihn. Wie Speer selbst beschreibt, weil Hitler ihm viel untersagt und seine Mitarbeiter in Kompetenzen angreift, was vorher noch undenkbar gewesen wäre (vgl. Fest 2005: 265). In Folge dessen löst Speer sich immer weiter von Hitler. Dies wird auch durch viele Entscheidungshoheiten möglich. Dies führt wiederum zu Streitigkeiten wie z. B. bei Weitergaben von Denkschriften (vgl. Fest 2005: 263). Wie Fest beschreibt, handelt Speer zum Missfallen Hitlers oft eigenständig (Beispiel: 3 Mrd. RM zur Finanzierung Germania aufgelöst und woanders zugeführt) (vgl. Fest 2005: 265). Und Hitler umgibt sich zum Missfallen Speers oft mit anderen wie z. B. mit Architekt Giesler, was bei Speer zu Traurigkeit und Neid führt. Durch den großen Einfluss von Speer kommt es zu vielen Konflikten und Streitigkeiten, auch weil teilweise z. B. durch viele Vertretungen gar nicht mehr erkennbar ist, ob Anordnungen von Hitler selbst oder von Speer kommen (vgl. Tesch 2016: 178). Speer hat zum Ende des Krieges durch den fehlenden Rückhalt Hitlers keine unangreifbare Position mehr, was viel über den Zustand der Beziehung aussagt.

5. Zurückhaltung, Distanzierung und Aufarbeitung

Insbesondere zum Ende des Zweiten Weltkrieges wird klar, wie außergewöhnlich die Beziehung zwischen Hitler und Speer ist. Speers Krankheit und damit physische Abwesenheit macht eindrucksvoll klar, welche Kuriosität die Beziehung aufweist, und im Angesicht von Hitlers Tod wird die außergewöhnliche Verbundenheit noch einmal deutlich.

5.1 Die Beziehung zu Hitler in Krankheit und Abwesenheit

Anfang 1944 erkrankt Albert Speer und ist für mehrere Wochen nur eingeschränkt erreichbar und bei Adolf Hitler nicht präsent. Die Situation, wie in Punkt 4.2 beschrieben, verschärft sich. Durch die wochenlange Abwesenheit Speers entfernt er sich beruflich und menschlich weiter zunehmend von Hitler, der ihn dadurch noch weniger Aufmerksamkeit und Zuneigung schenkt. Hitlers Missgestimmtheit über die Abwesenheit Speers lässt er ihn allerdings nicht direkt spüren (vgl. Fest

2005: 276). Um Hitlers Gunst aufrechtzuerhalten, arbeitet Speer vom Krankenbett aus zu Lasten seiner Gesundheit (vgl. Schmidt 2005: 107). Die erhoffte direkte Würdigung durch Hitler bleibt allerdings aus. Zwar erkundigt sich Adolf Hitler über Statusmeldungen und Berichte über seinen Leibarzt Dr. Morell, jedoch erscheint er nie persönlich (vgl. Schmidt 2005: 108). Es gibt wenig Kontakt, die ausbleibende Anteilnahme und nichtssagenden Telefonkonferenzen zwischen Hitler und Speer enttäuschen ihn und er fühlt sich zunehmend zurückgesetzt und ist menschlich enttäuscht (vgl. Fest 2005: 273). Auch dass Hitler Speer ungefragt Aufgaben abnimmt und über sie entscheidet, erweckt, so Brechtkern, ein Misstrauen in ihm (vgl. Brechtkern 2017: 247).

Nach drei Monaten beschreibt Speer selbst die Folgen seiner langen Abwesenheit. „Als Hitlers Lieblingsminister und einer der möglichen Nachfolger zählte ich nicht mehr – einige Einflüsterungen Bormanns sowie einige Wochen Krankheit hatten mich ausgeschaltet. Eine gewisse Rolle spielte dabei auch Hitlers oft zu beobachtende Eigenart, jemand, der für längere Zeit aus seinem Gesichtskreis verschwand, einfach abzuschreiben. Tauchte der Betroffene nach einiger Zeit wieder in seiner Umgebung auf, so konnte sich das Bild auch wieder ändern" (Speer 1975: 341). Diese Aussage von Speer ist seine eigene Wahrnehmung, die ihn in höchsten Maße prägt. So beschreibt Speer weiter. „Ich war nachhaltig davon getroffen, daß er offensichtlich nur aufgrund dieses Wiedersehens die Erinnerungen daran zurückgewann, daß ich im nahestand, während meine Leistungen als Architekt und als Minister nicht gewichtig genug gewesen waren, eine mehrwöchige Trennung zu überbrücken.[…] Aber sein gesamtes Verhalten in den letzten Wochen hatte mir demonstriert, wie wenig ich doch in der Runde seiner Gefolgschaft zählte, wie wenig er auch bereit war, Vernunft und Sachlichkeit als Grundlagen seiner Entscheidungen gelten zu lassen." (Speer 1975: 346) Insbesondere die Feststellung, dass er wenig zur Runde zählt, ist so als nicht richtig einzustufen. Hitler selbst zeigt nach seiner Abwesenheit wieder großes Interesse und Zuwendung für Speer und grenzt ihn keineswegs aus (vgl. Schmidt 2005: 115). Auch die weitere Aussage, dass er sich durch Hitlers vermehrte Zuneigung noch weiter von ihm distanziert, erscheint zweifelhaft. Sich selbst widersprechend ist insbesondere folgende Situation, die Speer beim ersten Wiedersehen beschreibt. „Es war alles wie immer, hat Speer dazu vermerkt, und doch ganz anders. Schon als sein Besucher [Hitler] zur Tür reingekommen war, hatte Speer wie in einem unvermittelten Entzauberungserlebnis Hitlers Häßlichkeit entdeckt, […] und jede der abstoßenden Einzelheiten, die er nie wahrgenommen hatte, war noch gesteigert durch die bleiche, teigige Haut darüber: Plötzlich war der Schleier weg" (Fest 2005: 278). Diese „Entzauberung", wie sie Speer beschreibt, kann allerdings zu diesem Zeitpunkt als falsch angesehen werden [Verweis: 5.2.]. Das trifft auch auf die folgende Aussage Speers zu: „Von nun an begann eine Phase der höchst schizophrenen Beziehung zu ihm. Einerseits hob er mich heraus, bedachte mich mit besonderen Gunsterweisen, die mir nicht gleichgültig waren, auf der anderen Seite stand sein, für das deutsche Volk immer verhängnisvolleres Wirken, das mir langsam bewußt wurde. Und obwohl der alte Zauber noch immer seine Wirksamkeit hatte [...] wurde es mir zunehmend schwieriger, ihm bedingungslos loyal zu bleiben." (Speer 1975: 352)

Fest beschreibt Speer als zunehmend energielos und dass Hitlers Herzlichkeit und neue Aufmerksamkeit ihn nicht mehr putschen (vgl. Fest 2005: 279). Auch soll Speer in dieser Zeit kaum noch mit neuen Ideen und Visionen lebhaft sein. In Konferenzen und Gesprächen, so heißt es, hört er nur mit halbem Ohr hin und beschäftigt sich nur noch mit Floskeln und Sinnlosigkeitsgedanken im Hinblick auf den Kriegsverlauf (vgl. Fest 2005: 279 f.). Einen wissenschaftlichen Beweis gegen diese Schilderungen Speers und Untersuchungen Fests lassen sich zwar nicht finden, allerdings ist davon auszugehen, dass aufgrund der gestiegenen Rüstungszahlen 1944/45 und der Kriegstreiberei Speers anderes der Fall war. Speers Aussagen über die nicht mehr existente wechselseitige und freundschaftliche Zuneigung und Freundschaft zwischen Speer und Hitler lassen sich anhand der Quellenlage nicht entkräften, sind aber als unwahrscheinlich zu betrachten (vgl. Fest 2005: 279 f.).

5.2 Die Beziehung unmittelbar vor und nach dem Tode Hitlers

Viele Alleingänge Adolf Hitlers innerhalb von Speers Verantwortungsbereich, wie z. B. die Veranlassung zum Bau von Bunkern, ohne ihn miteinzubeziehen, trübt das Verhältnis (vgl. Fest 2005: 282). Albert Speer stellt sich im Buch als Verschwörer und gescheiterter möglicher Attentäter dar. Dies ist nachweisbar falsch und für seine Nachkriegsdarstellungen und Unschuldsbekenntnisse völlig frei erfunden (vgl. Kellerhoff 2019/ Schmidt 2005: 121). Dies kann auch als ein Bruch mit seiner eigenen Vergangenheit angesehen werden, also als eine Störung des Bildes der Beziehung zum Zwecke der Selbstdarstellung. Auch deswegen sind die Schilderungen Albert Speers in den letzten Jahren über ihn und Hitler besonders kritisch zu sehen.

So ist Hitler selbst offen und freundlich zu Speer, Speer aber nicht zu Hitler. Dieser ist mehr verunsichert und desorientiert (vgl. Schmidt 2005: 122). Auch hier mag die Verunsicherung durchaus zutreffen, allerdings ist davon auszugehen, dass Speer immer und zu jeder Zeit genau weiß, was er tut. Dies entspricht seiner Persönlichkeit. Als richtig anzusehen ist, dass Speer Befehle nur noch als Empfehlung wahrnimmt und das endinstanzliche Denken Hitlers ihm missfällt, so dass Speer immer mehr resigniert. Dies zeigt auch sein Wunsch zurückzutreten, dem Hitler mit großen Zorn und Entbranntheit nicht entspricht (vgl. Fest 2005: 282 f.).

Trotz aller Missgelauntheiten und fortbestehender Emotionalität und Reizbarkeit dieser Beziehung, die sich offenbart, ist es für Speer und Hitler mitsamt ihren kindischen Zügen, die dazugehören, die einzige Herzenssache ihres Lebens (vgl. Fest 2005: 286). Speer übernimmt zunehmend seine

Verantwortung als Minister und löst sich von Hitler. Zum Missfallen Hitlers verweigert Speer den Nero-Befehl und widersetzt sich der totalen Zerstörung (vgl. Trommer 2016: 9). Speer arbeitet gegen ‚Hitlers verbrannte Erde' und seinen Untergangswillen (vgl. Brechtkern 2017: 277). Erstaunlicherweise gibt es wenige bis gar keine konkreten Schilderungen und Quellen, die Hitlers Reaktion und Kenntnis davon bezeugen.

Auch ist völlig unklar, warum Speer ein letztes Mal unter der Gefahr der Gefangenschaft und der eigenen Tötung zu seinem Führer nach Berlin reist (vgl. Breloer 2005: 337 f.). Befehlsverweigerungen und Abwesenheit hätten zweifellos zu einer Hinrichtung führen können. Wie die letzten Stunden im Führerbunker in Berlin, sind auch die letzten Tage schlecht nachweisbar und sehr quellenarm (vgl. Brechtkern 2017: 283). Speer beschreibt die letzte Begegnung, die bis zum heutigen Stand nicht nachgewiesen werden kann, folgendermaßen: „Zitternd stand der Greis zum letzten mal vor mir; er; dem ich vor zwölf Jahren mein Leben gewidmet hatte. Ich war gerührt und verwirrt zugleich. Er dagegen zeigte, als wir uns gegenüberstanden, keine Regung. Seine Worte kamen so kalt wie seine Hand: […] Keinen Gruß an meine Familie, kein Wunsch, kein Dank, kein Lebewohl. […] Ich war entlassen." (Speer 1975: 488) Warum Hitler ihn einfach gehen lässt, obwohl er Verrat begangen hat, ist nicht bekannt. Es kann aber davon ausgegangen werden, dass die Beziehung und Zuneigung von Hitler ihn davor verschonte.

So beschreibt Speer selbst, dass bis zur letzten Stunde eine Bindung da ist. […] hier machte sich erneut die gefühlsmäßige Bindung an Hitler bemerkbar: Mein Wunsch, die Rede erst nach seinem Tod zu senden, sollte ihm die Erkenntnis ersparen, daß auch ich mich gegen ihn gewendet hatte; mich erfüllte ein immer stärker werdendes Mitleid mit dem Gestürzten. Pflichterfüllung, Eid, Treuebindungen, Dankesgefühle standen einer Verbitterung über das persönliche Leid und das nationale Unglück gegenüber – beides verursacht durch eine Person: Hitler." (Speer 1975: 480) Nach dem Tode Hitlers, als auch Speer die eben erwähnte Rede veröffentlicht, beschreibt Speer eine zweifelhafte Gefühlslage: „Das erst war das Ende meiner Beziehung zu Hitler, jetzt erst war der Bann gelöst, seine Magie ausgelöscht. Übrig blieben die Bilder von Totenfeldern, von zertrümmerten Städten, von Millionen Trauernden, von Konzentrationslagern" (Speer 1975: 491). Allerdings scheint das nicht ganz zu stimmen, denn „sechs Wochen später, nunmehr Gefangener der Amerikaner, schrieb er [Speer]: Die Zeit ist zu nahe und sein Leben noch zu kurz abgeschlossen, als daß ich mich von dem Eindruck seiner Persönlichkeit lösen kann" (Schmidt 2005: 25).

6. Resümee und Schlussbetrachtung

In der Schlussbetrachtung wird klar, dass die Beziehung zwischen Adolf Hitler und Alber Speer eine zutiefst intensive, aber auch merkwürdige und ungewöhnliche Erscheinung war. „Von einem

Menschen, der sich seiner Verantwortung bewußt ist, bis zum bedenkenlosen und menschenfeindlichen Nihilisten vereinigte er die krassesten Gegensätze." (Speer 1975: 188) So beschreibt Speer Adolf Hitler nachträglich: „Alle Zuwendung, die er je aufzubringen vermochte, kam über die Mauer aus Kälte und erhabener Unnahbarkeit nicht hinweg, die er seiner geschichtlichen Bedeutung zu schulden glaubte, und die Gefühle, zu denen er imstande war, hatten durchweg, wie sie sich auch äußerten, etwas heillos Verwachsenes. Zeit seines Lebens brachte er es zu keiner einzigen uneigennützigen Beziehung, und die ihm am nächsten kamen, standen ihm nur weniger fern [...]" (Fest 2005: 60). Insgesamt gesehen war Speer der Dominantere und mental Stärkere von beiden. Dies lässt sich insbesondere an den letzten Jahren ausmachen, viele seiner Aktionen missbilligt Hitler zwar, allerdings schreitet er nicht aktiv ein, entweder geschieht dies aus Respekt und Anerkennung oder aus Unterwerfung. Das Verhältnis von Hitler zu Speer kann als homoerotisch bezeichnet werden. Die Zusammenarbeit und das Zusammenfinden liegen im persönlichen Bereich begründet. Das gemeinsame Ziel der Errichtung der Welthauptstadt Germania verbindet beide. Zwischen Speer und Hitler existiert eine eigentümliche Liebe zueinander und ermöglicht eine außergewöhnliche Beziehung. Für Speer ist Hitler eine repräsentative Vaterfigur, eine Möglichkeit, seine Wünsche und Träume auszuleben, ein Katalysator. Für Hitler verkörpert Speer seine Leidenschaft zur Architektur, die er durch ihn auslebt. Darauf basierend entwickelt sich die zunehmende Machtlosigkeit Hitlers und Speers, die beide, so scheint es, später in eine Art Trance versetzen, derer nur Speer sich bewusst wird und diese für sich nutzt.

7. Quellen- und Literaturverzeichnis

7.1 Quellenverzeichnis

Albert Speers Autobiografie, in: Speer, Albert: Erinnerungen. Berlin [13]1975.

Interview von Albert Speer durchgeführt von Jörg-Michael Schiefer zwischen 1971 bis 1975, in: Schiefer, Jörg-Michael: Architekt Generalbauinspektor und Rüstungsminister. Gespräche mit Albert Speer 1971-1975. Göttingen 2013.

7.2 Literaturverzeichnis

Brechtkern, Magnus: Albert Speer. Eine deutsche Karriere. München 2017.

Brechtkern, Magnus: Ein Kriminalroman könnte nicht spannender erfunden werden - Albert Speer und die Historiker, in: Life Writing and Political Memoir – Lebenszeugnisse und Politische Memoiren, Magnus Brechtkern (Hg.), Göttingen 2012, 35-78.

Breloer, Heinrich: Speer und Er. Hitlers Architekt und Rüstungsminister. Berlin 2005.

Düwel, Jörn: Ist Speer ein unpolitischer Architekt?, in: Albert Speer in der Bundesrepublik. Vom Umgang mit deutscher Vergangenheit, Martina Christmeier, Alexander Schmidt (Hg.), Nürnberg 2017, 60-61.

Fest, Joachim: Speer – Eine Biographie. Berlin [4]2005.

Kellerhoff, Sven Felix: Albert Speers „Attentat" auf Hitler (26.03.2019), https://www.welt.de/print/welt_kompakt/debatte/article190852383/Albert-Speers-Attentat-auf-Hitler.html (Stand: 28.03.2019).

Kremer, Roman B.: Autobiographie als Apologie. Rhetorik der Rechtfertigung bei Baldur von Schirach, Albert Speer, Karl Dönitz und Erich Raeder. Göttingen 2017.

Schmidt, Matthias: Albert Speer. Das Ende eines Mythos. Berlin ²2005.

Tesch, Sebastian: Hitlers Architekten. Albert Speer. Wien 2016.

Trommer, Isabell: Rechtfertigung und Entlastung. Albert Speer in der Bundesrepublik. Frankfurt am Main 2016.

Wagner-Egelhaaf, Martina: Autobiographie. Stuttgart ²2005.

BEI GRIN MACHT SICH IHR WISSEN BEZAHLT

- Wir veröffentlichen Ihre Hausarbeit,
  Bachelor- und Masterarbeit

- Ihr eigenes eBook und Buch -
  weltweit in allen wichtigen Shops

- Verdienen Sie an jedem Verkauf

Jetzt bei www.GRIN.com hochladen
und kostenlos publizieren